8 挑戰拼圖披薩

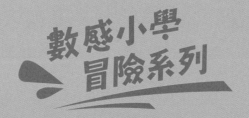

數感小學
冒險系列

目 錄

這本故事是在說……

披薩店之間是不是有祕密約定？不然為什麼每一片披薩都是圓形？今天有一間店破壞了約定，推出正方形、梯形、平行四邊形的披薩，如果你能一眼看出買哪一片最划算，小哲一定立刻找你一起去買披薩，因為他都搞迷糊啦。

吃完披薩，大家又上太空冒險，這次得找到尺寸吻合的鑰匙才能過關。糟糕，小哲他們從披薩店過來，連鉛筆盒都沒帶，沒有尺該怎麼量呢？想不到最後在披薩店的閒聊派上了用場！趕快翻開來，看看他們到底聊了什麼，又怎麼運用數學破解關卡吧！

人物介紹

叮 叮

丁小美的綽號，就讀春日
小學三年級，常在媽媽開
的「慢慢等」早餐店幫忙，
算術好，行動力強。

鳳凰露露

春日小學新來的宇宙數學
社指導老師，她有個特別
神祕的大包包，裡頭應有
盡有，簡直就像個宇宙黑
洞，這是怎麼回事呢？

故事提要

哇～真是好險，差點就被淘汰。沒想到集訓室是太空船、比賽要到外太空，對手也是超級厲害、超級怪。好不容易過關，先來吃個披薩休息一下，以免鳳凰露露老師又來什麼怪招。怎麼回事？走進集訓室超級熱，老師老神在在，似乎有什麼事要發生。

小哲

蔡維哲的外號，從小跟著爸爸做訂製款的高級自行車，喜歡研究機械構造、組裝模型，更愛動手做。

白熊

熊大為的身材像大熊，是溫暖的男孩，他蒐集了各式各樣的百科全書，立志將來也要寫一套自己的百科全書。

第一章

披薩裡的數學

街上新開一家拼圖披薩，生意好得不得了。

星期六的中午，叮叮、小哲和白熊也去了，店門口排了好長一條人龍。

好不容易進到店裡，菜單拿來一看。咦，一般的披薩都是圓形的，這裡的披薩都是四邊形：正方形、平行四邊形、梯形……

「好怪的披薩。」小哲小聲的說。

「卻是好吃的披薩。」胖呼呼的老闆很誇張的說：「好吃到舌頭來不及捲的披薩。」

小哲還是有疑問：「你們店裡的披薩，形狀都不一樣。」

胖老闆低下頭，笑著說：「告訴你一個公開的祕密：這裡的披薩，形狀和口味隨便選，重點是，價錢都一樣。」

「這怎麼可能？」叮叮喊了一聲。

「拼圖披薩就是這樣，不管正方形、梯形還是平行四邊形的披薩；不管你要點牛肉、海鮮，還是義大利肉醬口味，它們的價錢都是 99 元。」

既然都一樣，小哲選正方形的海鮮披薩，白熊挑的是平行四邊形的牛肉披薩，叮叮決定來個不一樣的，她指名要梯形的大四喜披薩。

披薩很快就送上桌了，配料滿滿、外皮焦香，白熊拍拍臉頰：「太豐盛了，今天的午餐太棒了。」

叮叮看著自己點的梯形披薩，她想到：「不知道平面星上的形狀們，現在好不好？」

「一定很好，我們幫他們蓋了新家。」白熊說：「他們再也不會被歧視了。」

旁邊的小哲看了看大家的披薩，懊惱的說：「你們還不吃嗎？如果不吃，我可以跟你們交換嗎？正方形的披薩好小，叮叮的梯形披薩最大、最划算。」

「會ㄏㄨㄟˋ嗎ㄇㄚ˙？」叮ㄉㄧㄥ叮ㄉㄧㄥ懷ㄏㄨㄞˊ疑ㄧˊ：「如ㄖㄨˊ果ㄍㄨㄛˇ梯ㄊㄧ形ㄒㄧㄥˊ比ㄅㄧˇ較ㄐㄧㄠˋ大ㄉㄚˋ，大ㄉㄚˋ家ㄐㄧㄚ都ㄉㄡ點ㄉㄧㄢˇ梯ㄊㄧ形ㄒㄧㄥˊ，胖ㄆㄤˋ老ㄌㄠˇ闆ㄅㄢˇ不ㄅㄨˊ就ㄐㄧㄡˋ虧ㄎㄨㄟ大ㄉㄚˋ了ㄌㄜ˙？」

小ㄒㄧㄠˇ哲ㄓㄜˊ跑ㄆㄠˇ去ㄑㄩˋ櫃ㄍㄨㄟˋ檯ㄊㄞˊ觀ㄍㄨㄢ察ㄔㄚˊ後ㄏㄡˋ回ㄏㄨㄟˊ來ㄌㄞˊ說ㄕㄨㄛ：「沒ㄇㄟˊ有ㄧㄡˇ錯ㄘㄨㄛˋ，大ㄉㄚˋ家ㄐㄧㄚ有ㄧㄡˇ志ㄓˋ一ㄧ同ㄊㄨㄥˊ，都ㄉㄡ點ㄉㄧㄢˇ梯ㄊㄧ形ㄒㄧㄥˊ披ㄆㄧ薩ㄙㄚˋ。」

白熊看了看三塊披薩，笑嘻嘻的說：「小哲，別抱怨了，其實我們的披薩都一樣大。」

小哲不相信，把三塊披薩比了比：「不可能，我的最小。」

「沒錯啊，每塊四邊形披薩都是用同樣面積的披薩麵皮做成。比方說平行四邊形，沿著短的對角線一切，是不是變成兩塊三角形？」

白熊再把右邊的三角形移到左邊。它們果然變成一塊正方形的披薩：「你看，是不是跟你的正方形一樣大？」

「真的耶。」小哲笑著說：「沒想到連眼睛也會騙人。」

平行四邊形　　　　　　　　正方形

叮叮看完白熊的做法，她把餐刀在小哲的正方形披薩上方比了比，最後切一刀，從正方形切出一個三角形，再把三角形翻個面，拼成一個梯形。

小哲拿起來，把兩個梯形比一比：「原來這三塊披薩的面積都一樣，誰也沒占誰的便宜。」小哲苦笑著：「大家都以為自己占了便宜，其實是被老板的數學給騙了。」

叮叮笑他：「店名都叫拼圖披薩了嘛。白熊你說，小哲是不是像那群猴子？」

「猴子？猴子也愛吃披薩嗎？」小哲傻呼呼的問。

白熊補充：「有個寓言，有個人養了一群猴子，但是栗子漲價了，主人無法負擔，只好跟猴子商量，能不能減少一點食物。」

「啊……啊……我記得，本來主人說早上三顆、晚上四顆，猴子跟他討價還價，最後改成了早上四顆、晚上三顆。那群笨猴子，不管四加三還是三加四，答案都是七，牠們卻以為自己很聰明。這寓言叫做朝三暮四，對不對？」

小哲說完，得意的看看大家，沒想到叮叮和白熊看著他大笑，叮叮還比個小猴子搔頭的樣子指著他。

「吼，你們笑我是猴子？」

白熊笑著問：「既然朝三暮四和朝四暮三都一樣，那這些披薩誰比較大啊？」

小哲搔搔頭：「啊？」

「你這就是圖形版的朝三暮四，懂不懂？」叮叮沒好氣的說。

「哼！」小哲不甘心，他瞄了瞄桌上，靈機一動問：「如果我這隻小猴子，想吃個『兩倍大的正方形披薩』，請問兩位小主人，誰能把它拼出來？」。

叮叮隨手把兩塊正方形披薩靠在一起：「把它們接起來，這不就是兩倍大了。」

白熊搖搖頭：「雖然面積一樣，形狀卻是長方形。」

問題一下子考倒叮叮了。

「我來做給你們吃吧。」小哲拿起兩片正方形披薩，從對角線把它們切成四個三角形後，再把它們挪動位置拼成正方形。

白熊看了看：「邊長都是對角線，一樣長，所以這是個正方形。原本是兩片正方形披薩，所以新的正方形面積是原來的兩倍大！」

拼拼湊湊兩倍大！

小哲真是厲害，果然不是小猴子。只要沿著兩個正方形披薩的對角線一切，就再可以拼一個兩倍大的正方形披薩了。

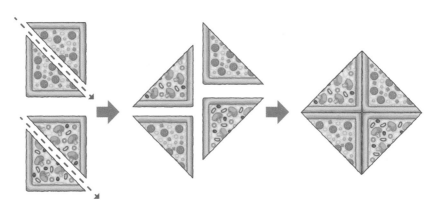

Q **如果正方形披薩的邊長是 1 的話，那你知道披薩對角線是多少嗎？**

叮叮拿了一塊披薩給小哲：「你這陣子數學突飛猛進，該賞一塊，你果然不是小猴子。」

他們正說笑時，一隻金色小麻雀飛到他們桌子上，牠輕輕的放下一張卡片，是宇宙數學社的召集卡，小哲給牠一小塊披薩，牠咬了一口，拍拍翅膀飛走了。

白熊看一眼卡片：「鳳凰露露找我們。」

「快走吧，我最近數學好，一定是跟參加這個社團有關係。」小哲迫不及待的走出去，急著想知道鳳凰露露老師又帶了什麼難題來呢。

數感百科

面積：用計算代替測量

　　想像一下，眼前有好幾片奇形怪狀的披薩，每片價錢都不一樣，是不是要測測看它們的面積才能知道哪一片最划算？問題來了，長度可以拿尺量，面積該怎麼測量呢？

你能說清楚「划算」的意思嗎？

同樣的價格，可以買到最大片的披薩。
或是花最少錢，買到同樣大小的披薩。

　　「方格紙」是測量面積的小工具。把方格紙墊在披薩底下，描繪披薩的輪廓，再數數看有幾個方格在輪廓裡面。邊緣不滿1格的方格四捨五入，如果超過半格的就算1格，不到半格的就不算。

你能使用方格紙量出這些奇形怪狀披薩的面積嗎？

方格紙雖然能測量面積，但有兩個缺點：

① 不精準　　② 花時間

想測量精準一點，就要用更小格的方格紙，但方格愈小、就數愈久；相對的，大格方格紙雖然一下就數完，但答案卻比較不準。這和第四集小數的數感活動，用不同大小的積木拼出圖案是一樣的道理。

有人想到拿磅秤來量每一片披薩的重量，重量的「比」會跟披薩面積的「比」相同。只是，實際量起來可能發生磅秤不準或其他問題。測量就是這麼麻煩的一件事，既耗時又不能完全正確。

**秤秤看，披薩
的面積愈大、
重量愈重**

為了要精準又快速知道面積，數學家發現，某些特殊的形狀不需要方格紙、磅秤，只憑紙筆就能算出面積。這些形狀就是上集的老朋友，各種多邊形。

生活中的面積應用

　　有則新聞是「12吋蛋糕是6吋的2倍？價格卻不只乘以2」，幾吋是指蛋糕這個圓的「直徑」。新聞中訪問：路人說6吋蛋糕的2倍大是12吋，麵包店員工卻說是8吋。

通常不同大小的蛋糕高度一樣，只要看底面積就好。

　　有時蛋糕店會有方形蛋糕。同樣是1吋，方形蛋糕跟圓形蛋糕哪個比較大？正方形不是圓，沒有直徑，「1吋」是指正方形裡最長的一條線，是「對角線」。我們準備了2吋和1吋的圓形蛋糕，以及1吋的方形蛋糕。目測可以知道2吋圓形蛋糕比1吋圓形的兩倍還大，1吋圓形蛋糕又比方形蛋糕大。

除了蛋糕，你有看過爸媽煮義大利麵嗎？有幾個人要吃，隨手抓一把麵，用眼睛看看手上的分量夠不夠。這種方法是憑直覺，不是仰賴精確測量或是數學計算。

有人設計了「義大利麵量麵器」。4個不同大小的圓孔，分別代表 1 人份、2 人份、3 人份與 4 人份。1 人份約是 100 克麵量，依此類推。看幾個人吃，抓一把義大利麵剛好填滿圓孔，就可以煮得恰恰好。比起目測，是不是更精準呢！

2 人份的圓孔面積是 1 人份的 2 倍，4 人份的圓孔面積是 1 人份的 4 倍。仔細一看，設計量麵器、買蛋糕、或者幫大家叫披薩，都需要用到面積的數學知識呢。

想想看，圓孔面積是 2 倍或 4 倍，對應的半徑各是幾倍呢？

拼拼湊湊的面積

　　除了圓形的量麵器，還有各種充滿創意的形狀。有一款量麵器的 4 個圓孔變成 1 隻暴龍追一家人的圖案。暴龍孔對應到 4 人份，跟一般圓形量麵器的 4 人份麵量一樣。換句話說，不要被形狀騙了，恐龍跟圓形的面積一模一樣。

　　故事裡，白熊切開正方形披薩拼出平行四邊形，就是這個道理。我們用七巧板來試試看白熊的作法。挑兩片一樣大的三角形，組成正方形，翻過來又能拼成平行四邊形。

 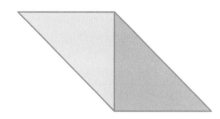

從這個例子，我們學到：

**平行四邊形面積
＝底 × 高**

平行四邊形可以藉著切割，重新拼成一片長方形。長方形的長度與寬度，剛好和原本平行四邊形的底和高的長度相同。

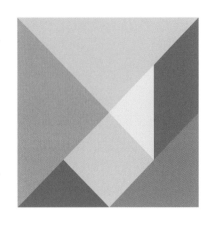

看完平行四邊形變換成長方形的過程。我們現在來做一個更挑戰的活動：你可以只憑著拼拼湊湊，知道七巧板每一片形狀的面積「比」嗎？

黃色與紅色三角形最小，綠色正方形是它們的兩倍大。紅色平行四邊形、橘色三角形、綠色三角形、藍色三角形的面積又是綠色正方形的幾倍大呢？

來動手動腦吧！首先，你很快發現可以用黃色三角形和紅色三角形可以拼出紅色平行四邊形與橘色三角形，表示紅色平行四邊形、橘色三角形的面積都和綠色正方形一樣。

剩下 2 個一樣的綠色和藍色大三角形，你也能拿黃色、紅色和橘色三角形拼出來。因此，大三角形面積是綠色正方形的 2 倍。

利用拼拼湊湊推理法，得到以下面積關係：

$$2 \text{小} \triangleleft = 2 \text{小} \triangle = \blacksquare$$
$$\text{中} \blacktriangle = \diagup = \blacksquare$$
$$\text{大} \blacktriangle = \text{大} \blacktriangle = 2 \blacksquare$$

如果小◢是 1 平方公分，小◣也是 1 平方公分，其他幾個顏色各自是 2 和 4 平方公分。根據面積比，完整七巧板面積是 1＋1＋2＋2＋2＋4＋4＝16 平方公分的正方形。

現在，你隨便挑幾片拼一個形狀，都可以知道它的面積是多少。這也是一種估算面積方法：給你一個形狀，把它拆解成幾個三角形、四邊形，再去算它們個別的面積。

 **挑戰一下，用第五集的比和連比來表示全部形狀的面積關係。答案是：**

小◢：小◣：■：中▲：◢：大▲：大▲
＝1：1：2：2：2：4：4

24

回過頭來看看大中小的三角形，它們大小不一樣，但長得很像。大三角形面積是小三角形的 4 倍。比比看，你發現大三角形邊長剛好是小三角形的 2 倍。

同樣的，如果有 2 個正方形，邊長分別是 8 公分和 4 公分，邊長差 2 倍，面積是不是也剛好差 4 倍？

再比較幾個放大縮小的不同形狀，你會發現，只要邊長差 2 倍，面積就差 4 倍。不只有正方形跟三角形，很多形狀都具備這個倍數關係。倍數關係也不只限於「邊長 2 倍，面積 4 倍」；當邊長差 3 倍，面積就差 9 倍；邊長差 4 倍，面積差 16 倍。

不信的話，你拿尺量量看，中三角形的邊長是小三角形 1.41 倍左右，1.41×1.41 約是 2。

第二章

寶箱裡的祕密

時間：吃完午餐後
地點：集訓教室

金麻雀送來的召集令上，只有這麼簡單的兩行字，他們把腳踏車踩得飛快，急著想去看看鳳凰露露有什麼奇怪的題目。

寒流來、氣溫低，奇怪的是，集訓教室裡頭卻很溫暖：那一定不是因為鳳凰露露頭上紅的著火的頭髮，也不是新換的黃色日光燈。

公告欄

白熊發現，暖氣來自公告欄上的照片，一張冬天雪地的小屋，小屋裡有個火爐，而暖氣好像就從那兒吹過來。

　　暖洋洋，不可思議，但在這裡好像又順理成章。更神奇的是，地板也不是地板，是沙。外頭冷風呼呼吹，這裡竟然有片厚厚的白沙，簡直像來到了溫暖的夏天海灘。

鳳凰露露張開雙手：「啊，窩最喜歡的孩子來了，披薩好吃嗎？」

小哲很好奇：「老師，妳剛才也在披薩店嗎？」

「窩猜滴，竟然猜對了，窩真是好厲害。」

凰凰露露掩著嘴笑：「現在，來看看泥們厲不厲害？」

她帶著大家走近講臺，那裡有平行四邊形、正方形、長方形和梯形的木箱，它們看起來一樣高，都刻著相同的圖案，簡直就像……

32

「這是海盜的藏寶箱？」小哲走過去，興奮的想把箱子抱起來：「哦，好重，裡頭裝滿了寶物嗎？」

「難道今天的任務就是打開箱子，取出寶物？」叮叮問。

鳳凰露露笑了，耳環跟著叮咚響：「泥們上回的表現很好，今天三所小學的孩子都可以選個木箱當獎勵。」

「裡頭是金幣？」小哲很興奮。

「或許是手環。」叮叮說。

「我猜是書，一整套數學百科全書。」白熊很鎮定。

31

　　叮叮咚咚……鳳凰露露搖搖頭：「空空的，裡面都是空空的，等等讓泥們把教室太空船用的燃料球裝進去。」

　　「燃料？我們又要去平面星？」叮叮驚呼。

　　「這回的考驗要在太空，所以哪一隊能裝愈多的燃料，就愈有成功的把握哦。其塔兩隊已經選好了，現在，泥們可以慢慢想。」

　　他們三個立刻坐在沙上討論。叮叮指著寶箱：「它們的高度都一樣，我們只要比較底部的形狀。」

　　小哲和白熊合力把寶箱抬起來，現在，地上出現幾個寶箱底部形狀的痕跡。

　　白熊仔細看看這幾個寶箱：「哪個形狀面積愈大，就能裝進愈多的燃料球。」

　　「這就跟拼圖披薩的形狀一樣，它們既然都是四邊形，底面積就是一樣大。」小哲站起來，向鳳凰露露老師說：「我猜，它們能裝進去的燃料球都一樣多，因為大家的面積一樣大，對不對？」

　　鳳凰露露把燃料球拿出來，它們跟彈珠的大小差不多，閃著黃色的光芒：「所以，泥們要選哪一個呢？選錯了，太空船可能很快就掉下來。」

　　小哲指著寶箱：「反正都一樣大，那就隨便選一個。」

　　「確定了嗎？」鳳凰露露問。

叮叮覺得鳳凰露露的笑容裡，藏著一點兒古怪。她回頭，用求救的眼光看著白熊。

　　「從外面看，它們的面積都一樣大。」白熊仔細觀察著：「但是，我剛剛和小哲抬的時候，發現它們都很重。」

　　「它們的面積都一樣啊。」小哲問。

　　「是沒錯。」白熊的手在沙上畫著：「但是這麼重的木箱，它們的厚度應該也要考慮進去，如果箱壁厚度是 4 公分……」

白熊這麼想......

20

20   40

                                              10

正方形寶箱　每一邊長是 20 公分，底部面積 = 20×20 = 400 平方公分
長方形寶箱　長邊是 40 公分，短邊是 10 公分，底部面積 = 40×10 = 400 平方公分

20

20   40

                                              10

如果寶箱厚度是 4 公分，寶箱裡能裝燃料球的邊長都要再減 4：
正方形寶箱底部面積 =（20 − 8）×（20 − 8）= 144 平方公分
長方形寶箱底部面積 =（40 − 8）×（10 − 8）= 64 平方公分

叮叮拍拍白熊：「幸好有你在。」

白熊不好意思搔著頭：「遇到問題要多想一想嘛。」

「你聽到了沒有？」叮叮白了小哲一眼。

「嘿，剛才妳也沒反對啊。」小哲也很不服氣。

鳳凰露露笑著問：「縮以，泥們決定好了嗎？正方形？」

他們互相看了看，同時很有默契的點點頭。

啪～

所有寶箱同時彈跳了一下，蓋子自動打開。

果然，就像白熊畫的圖一樣，正方形的裡面有最大的面積；而長方形，幾乎只留下一條細細的縫，別說燃料球，想放枝筆都沒辦法。

　　鳳凰露露的包包是個萬寶袋，她從包包裡倒出燃料球，裝滿了箱子，讓白熊和小哲把它們放進教室的——垃圾桶。

　　小哲嚇得張大嘴巴：「天啊，教室太空船的燃料箱竟然是垃圾桶！」

　　「很有創意啊！」鳳凰露露笑著關上垃圾桶蓋：「如果地球人製造出來的垃圾都能當燃料，就能減少很多環抱問題了。」

　　小哲想知道：「別的隊也選正方形嗎？」

　　鳳凰露露聳了聳肩：「窩不能告訴泥們，等一下的任務，在燃料用完前解出來的隊伍，就能參加下一關。」

　　「要是解不出來……」小哲問。

　　「有再多燃料球也沒用啊。」叮叮擔心的說。

長方形與正方形的周長

看完同種形狀的放大縮小，我們來看看不同形狀的面積與周長。

假如今天巧克力工廠桌上鋪滿了巧克力豆，老闆給你一條繩子，跟你說：「你用繩子圍出一個長方形，圍到的巧克力豆都是你的。」

該怎麼做才能圍出面積最大的長方形呢？我們先看幾個例子，讓你對數字有「感覺」。如果繩子是 16 公分，我們可以折出好幾種（長，寬）的長方形：

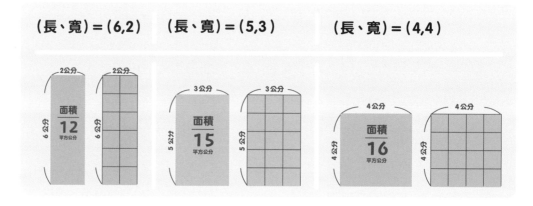

我們用方格紙來分析看看，從最左邊的邊長（6,2）的長方形變成邊長（5,3），相當於最下面的 2 格方格不見，但右邊多出了 5 個方格，所以面積從 12 平方公分變成 12 − 2 + 5 ＝ 15 平方公分。

依此類推，從（5,3）的長方形變成（4,4）的正方形，底下少 3 格方格，右邊多 4 格，面積從 15 平方公分變成 15 － 3 ＋ 4 ＝ 16 平方公分。

得到結論了！在這些相同周長的長方形中，4 條邊一樣長的正方形圍出的面積最大！

把這個結論轉個彎，我們會更進一步知道，如果反過來讓長方形的面積固定，那麼正方形的周長會最短。

故事中小哲他們挑寶箱時，白熊就是利用這個觀念，決定選正方形寶箱。因為寶箱裡面的空間得扣掉箱子厚度。比起正方形，長方形箱子厚度影響空間更嚴重。

長方形的箱子

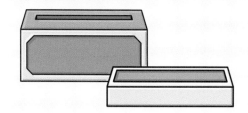

正方形的箱子

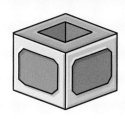

知道這個道理後，你應該清楚該怎麼圍，才能得到最多巧克力豆。等等，如果老闆沒有規定只能圍成「長方形」，任意的形狀也可以，哪種形狀的面積會最大呢？

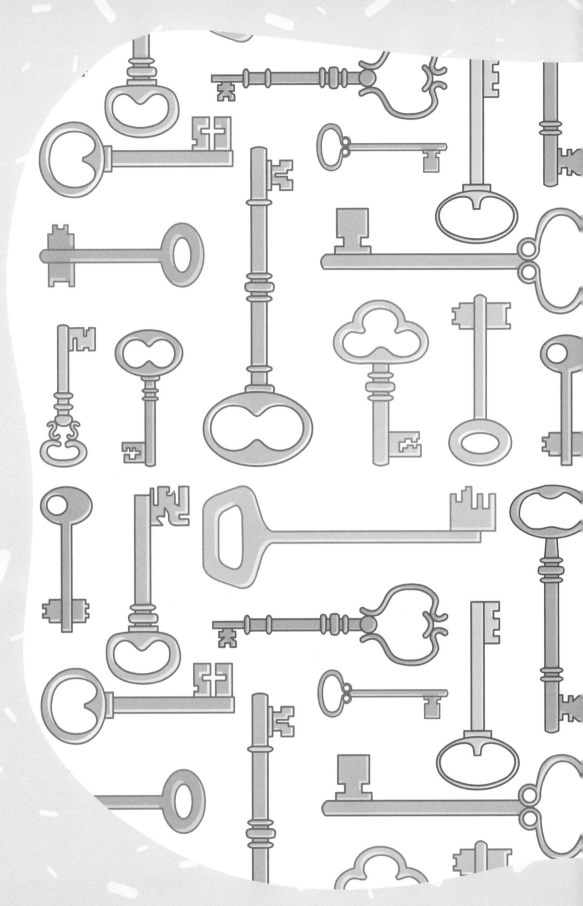

3

第三章

鐵環鑰匙

講臺上的黑板變成透明玻璃，兩旁的窗戶同時顯示出高度變化，他們坐在教室型太空船，穿越白雲，天空顏色由淺到深，窗戶兩邊，也各有一艘太空船。

那一定是求真和培正實小隊。」叮叮喊著，「沒錯沒錯，我看見曹前和曹後了，他們在揮手。」

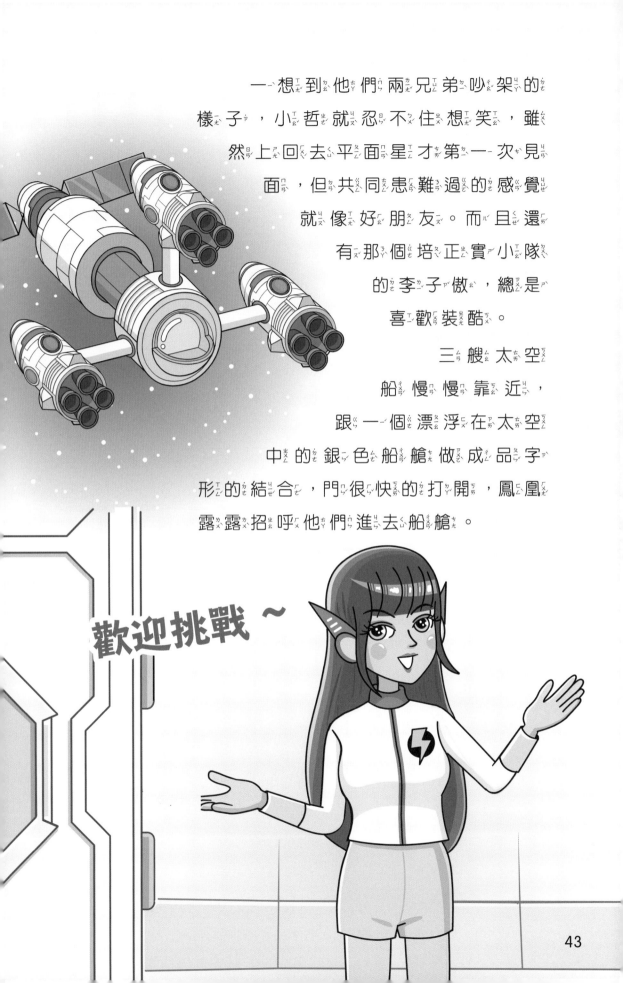

一想到他們兩兄弟吵架的樣子，小哲就忍不住想笑，雖然上回去平面星才第一次見面，但共同患難過的感覺就像好朋友。而且還有那個培正實小隊的李子傲，總是喜歡裝酷。

三艘太空船慢慢靠近，跟一個漂浮在太空中的銀色船艙做成品字形的結合，門很快的打開，鳳凰露露招呼他們進去船艙。

歡迎挑戰～

銀色船艙裡頭像是金屬做的，透著一股柔和的白光，卻找不到光源，船艙另有兩個門，培正實小隊的李子傲和求真隊的曹前、曹後也同時走進來。

李子傲哼一聲當做打招呼。

「還是一樣很酷哦。」叮叮笑他。

李子傲撇過頭，假裝不理她，但很快又走過來，叮叮知道他只是不擅長跟大家在一起，沒什麼惡意。

求真隊的曹前問他們選了哪個箱子。

曹後直接盯著鳳凰露露問：「這回的任務是什麼呢？」

「任務？」

船艙裡一瞬間安靜了下來，小朋友們全都望向鳳凰露露。

「窩還以為泥們都不理窩了呢。」她看看大家：「泥們回頭看看進來的門。」

連結本來教室太空艙的門關上了，小哲用力拉，門卻打不開，三扇門上都有個圖形：三個黑色的方框圖案是凹進去的。每一道門邊，掛著數十個大大小小的方形鐵環；地上則是不久之前測驗過的寶箱。

「鐵環是打開門的鑰匙，只要找出正確的兩把鑰匙，把塔們套上去之後，門就會打開。」

鳳凰露露拿起一個鐵環，放進最小的凹槽，一圈綠色光芒亮了起來。

「在燃料球用完之前，如果回不去太空艙的隊伍就被『桃蓋』了。」

「什麼桃蓋啊？」曹前問。

李子傲笑他們：「淘汰。聽不懂這句，你們也很快就會被桃蓋了。」

「你才會被桃蓋。」一聽到曹前被取笑，曹後立刻支援曹前。

「找兩個鐵環，有什麼困難的？」小哲躍躍欲試。

凰凰露露輕輕笑著：「不難，但是套錯了，也要被桃蓋。」

「連試都不能試？」叮叮問。

鳳凰露露點點頭。

「哇～」船艙裡的小朋友，頓時感受到巨大的壓力。

這個比賽不但有時間限制，而且不能試，他們也沒有測量的工具，要怎麼找出下一個方形鐵環呢？

李子傲神情最得意：「我每一根手指頭都量過，用我的手指頭就可以量長度。」

叮叮簡直不敢相信：「李子傲，你到底是什麼樣的人，竟然會去記自己手指頭長度啊？」

另一旁，求真隊在自己的教室門前，不斷的舉例、辯論、說明與討論。

這不是參觀別人的時候，叮叮和白熊想用目測找出答案，小哲用手去比劃第二個方形的邊長，但是他不知道自己手指長度，比了三次還是無法確定：「鐵環的大小都差不多，實在太難比了。」

47

叮叮建議：「小哲，你乾脆將第一把鑰匙拔下來比看看。」

　　「有道理。」小哲試了了，鐵環動也不動。

　　白熊的眼光在船艙裡巡視，他相信，擺在這裡的東西一定都有原因的，例如那些鐵環，或是這幾個寶箱⋯⋯

　　「對，寶箱！」

　　白熊和小哲把方形寶箱抬到門口比對。

　　「耶！跟第一個鐵環的大小一樣。」小哲很開心。

　　白熊想了想：「所以第二把鑰匙一定會比第一把大，但大多少呢⋯⋯」

「你們

想，會不會跟這個圓有

關？」小哲很沒把握的說。

叮叮鼓勵他：「畫在這裡的，也一

定有原因。」

「如果跟圓有關，我們只要算出圓周……」

白熊剛說到這兒，小哲急著補充：「我爸說

過，圓周是直徑的三倍左右。」

「不科學，不精確……」不知道什麼時候，李

子傲來到他們身邊，看來他已經找到正

確的鐵環了，他得意的說：「那個圓周率是

3.141592……」

「這麼長啊？」叮叮問。

「我還可以繼續背，它是 3.14159265358……」他

故意把每一個數字唸得極慢極慢，似乎

想引起大家注意。

但是，春日小學隊的注意力全在門上。

白熊指著最裡面的圓：「跟圓有關的知識還有半徑、半徑是直徑的一半，直徑是這條。」

「那這條直徑就是裡面正方形的對角線。」小哲想到：「所以，第二個正方形的邊長……」

叮叮和白熊同時想到：「就是裡面這個圓的直徑。」

「這跟拼圖披薩的兩倍正方形一樣。」小哲叫著，「第二個正方形的邊長就是第一個正方形的對角線。」

「找到了。」叮叮激動的跳起來。

他們用方形寶箱的對角線當邊長，找到了第二把鑰匙。小哲舉起鐵環，準備要去門邊，被其他兩個人攔住。

「我們還要用它的對角線長度，去量出第三把方框鑰匙的邊長。」

他們順利的找到第三把鑰匙，然後將這兩把鑰匙放進凹槽裡。

嗶嗶嗶嗶～

門上三個鐵環同時轉動，中間的兩個圓形卻朝相反方向旋轉，喀的一聲，門打開了，他們三個人歡呼著跑進宇宙數學社的教室。

大中小的鐵環謎題!

沒想到這個鐵環謎題差點難倒春日小學三人組,還好叮叮和白熊最後找到訣竅,這個訣竅就是……

仔細看,鐵環鑰匙可以分解成大、中、小三個方框。

先來看看中和小方框:

是不是只要旋轉小方框,小方框的對角線就是中方框的邊長。

再來看看大和中方框:

是不是只要旋轉中方框,中方框的對角線就是大方框的邊長。

原來,小哲說的沒錯,這裡的圓果然是個關鍵,只要方框跟著圓旋轉,就可以立刻找出答案囉!

嗚嗚嗚
嗚
嗚
嗚
嗚
啊

　　原來的船艙，傳來一聲慘叫。

　　是李子傲。

　　「我的太空船。」

　　他們都看到，李子傲的教室太空船脫離銀色船艙，早已不見蹤影。

　　原來，他只顧著炫耀自己多會背圓周率，結果，燃料球用完了，他的挑戰也失敗了。

哇～

叮叮望著銀色船艙裡的李子傲：「他真的很厲害。」

「他只顧秀自己啊。」小哲說：「好了，跟他揮揮手吧，下一次我們不必遇到他。」

曹前和曹後也順利走進他們的教室太空船。

春日小學隊的太空船脫離了，他們朝銀色船艙揮手，透過窗戶大家都看到：鳳凰露露正在幫李子傲擦眼淚呢。

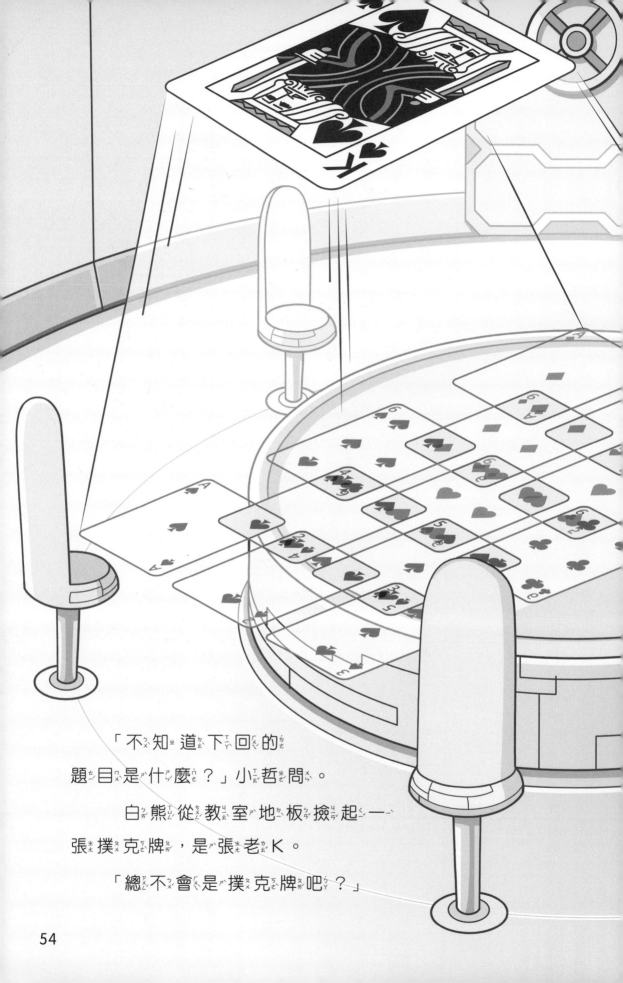

「不知道下回的
題目是什麼？」小哲問。

　　白熊從教室地板撿起一
張撲克牌，是張老K。

「總不會是撲克牌吧？」

不知道下回的題目是什麼？

「撲ㄆㄨ克ㄎㄜ牌ㄆㄞ？那ㄋㄚˋ跟ㄍㄣ
數ㄕㄨˋ學ㄒㄩㄝ有ㄧㄡˇ什ㄕㄣˊ麼ㄇㄜ關ㄍㄨㄢ係ㄒㄧ？」
叮ㄉㄧㄥ叮ㄉㄧㄥ問ㄨㄣˋ。

「對ㄉㄨㄟˋ厚ㄏㄡˋ。」白ㄅㄞˊ熊ㄒㄩㄥˊ把ㄅㄚˇ那ㄋㄚˋ張ㄓㄤ老ㄌㄠˇK
往ㄨㄤˇ地ㄉㄧˋ上ㄕㄤˋ一ㄧ扔ㄖㄥ，奇ㄑㄧˊ怪ㄍㄨㄞˋ的ㄉㄜ是ㄕˋ，老ㄌㄠˇK
竟ㄐㄧㄥˋ然ㄖㄢˊ漂ㄆㄧㄠ在ㄗㄞˋ空ㄎㄨㄥ中ㄓㄨㄥ，不ㄅㄨˋ停ㄊㄧㄥˊ的ㄉㄜ轉ㄓㄨㄢˇ動ㄉㄨㄥˋ，彷ㄈㄤˇ彿ㄈㄨˊ
在ㄗㄞˋ宣ㄒㄩㄢ告ㄍㄠˋ什ㄕㄣˊ麼ㄇㄜ似ㄙˋ的ㄉㄜ。

春日小學三人組驚險過關，讓李子傲哇哇大哭，最後浮在半空中的黑桃
K到底隱藏著什麼祕密？先別急著看下一集，後面的數感百科還有更多
有關鐵環鑰匙的數學知識喔！

數感百科

圓形的故事

　　圓形是很實用的形狀，例如可以當輪子滾來滾去。有時候不經意，圓形就出現在生活中：麵店師傅揉壓麵糰，披薩店老闆把披薩皮旋轉拋到空中，都會冒出一片片的圓形。電影裡西部牛仔拿長鞭子甩啊甩，或你丟一顆石頭到水中，出現在眼前的，不就又是一片片圓形嗎？

　　剛剛這些情境出現圓形的原因是，我們不知不覺間做出了「圓心」跟「半徑」。甩東西時，繩子長度是半徑、手是圓心；揮動一整圈，就形成一個圓形。

想想看，生活中還有哪些圓形物品呢？

圓形還有一個「第一名」特質！前面講到同樣面積下，正方形的周長比長方形小。現在，我們來跟圓形比比看。假設面積 400 平方公分，正方形周長 80 公分，圓形周長只有不到 71 公分。換句話說，如果是做一個水桶，同樣的容量，圓桶比方桶用更少的材料、更省成本。這是圓形的另一個優點。

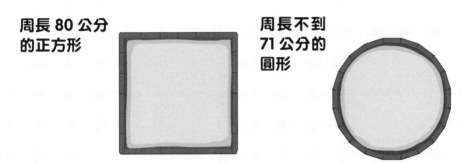

周長 80 公分的正方形

周長不到 71 公分的圓形

　　圓形周長怎麼求出來呢？我們可以用繩子沿著圓外緣繞一圈，再測量繩子長度，就能得到圓周長。圓面積則可以做一個圓形容器，看它裝多少體積的水，再除以容器高度，就能得到圓的面積。

　　經過許多次測量，人們發現圓形有一個關鍵規律：不論是圓周、或是圓面積，都跟直徑（通過圓心的直線）長度有關係。直徑愈大，圓周就愈長，而且這之間存在一個固定比率，就是我們學到的「**圓周率**」。

割圓術

　　圓周率幾個字太麻煩，我們用希臘字母 π（唸做ㄆㄞ）叫它。數學家發現，不只周長跟圓周率有關，面積也和圓周率有關。如果能求出圓周率，就能解開圓的神祕面紗。

　　測量就像做實驗，很容易因為尺沒對準、或是容器不是完美的圓形而有誤差。數學家發現想要求出更精確的圓周率，還是要靠計算。許多數學家努力了一輩子，卻發現不管怎麼算，好像都還是有一些誤差。圓周率的小數位數彷彿可以無窮無盡延伸下去。有人用了一本書寫滿圓周率的數值：

3.1415926535…………

　　寫到小數點下第 100 萬位了，還是無法寫完。事實上，數學家已經知道圓周率有無限多個小數位數，不管怎麼寫都寫不完的。

圓周率其實不難想像，試著算算看 1÷7 的答案是多少？是不是也是一個怎麼寫都寫不完的數字？
這樣的數字稱為「無理數」。事實上，書裡還有好幾個數字也是寫不完，來找找看吧。

書裡的 100 萬位圓周率是靠電腦算出來的。古代數學家只有紙筆，是怎麼算的呢？答案就在故事後段，太空艙門上的怪怪鑰匙中。

看看下圖，2 個正方形的面積差幾倍呢？紅色正方形的邊長是藍色正方形的對角線，面積是 2 倍。如果藍色正方形的面積是 10 平方公分，我們就知道圓形的面積一定介於 10 到 20 平方公分。因此，利用正方形，你就可以求出圓形面積的「範圍」。

古代數學家就是利用正多邊形，來估算圓形面積，進而推出圓周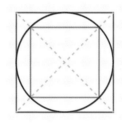率。回想平面國裡，正多邊形的邊數增加，會愈來愈像一個圓形。數學家也想到了這點，他們把正方形變成正六邊形、正八邊形……慢慢增加裡面跟外面正多邊形的邊數。到正十二邊形時，已經快看不出差別了。

你猜猜，數學家最後用到幾邊形呢？兩千多年前的希臘數學家阿基米德，就已經用了正九十六邊形！看來要當數學家，不只要夠有創意、有毅力，視力還要超級好！

數感遊戲
π 披薩

　　過一陣子，小哲他們又去光顧了拼圖披薩。

　　「怎麼出了這麼普通的圓形披薩啊。」小哲有些失望的指著店裡本月主打招牌，一個普通的圓形披薩，上面放了 6 根超大熱狗。

　　胖呼呼老闆聽到小哲這麼說，走過來回答：「這是我的得意作品，叫做『π 披薩』。你們買一片回去，就知道它的厲害。不但好吃，還能學會所有圓形的知識。什麼直徑、圓周長、面積，吃這片披薩一次搞定。」

　　小哲跟叮叮交換了一個疑惑的眼神，披薩是圓的沒錯，但怎麼能吃一吃就學會面積或周長公式。

　　胖呼呼老闆沒等他們答應，就拿了一片，包裝好遞給他們，再三交代：「要小心拿，別摔倒了，π 披薩會散開來喔。」

遊戲道具 請從書末遊戲配件頁自行影印後剪取

❶ π 披薩 1 片

可以拆開來變成 32 片扇形。

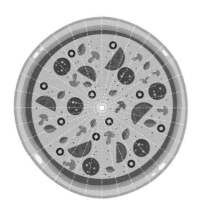

❷ 大熱狗 6 根

長度剛好是圓形的
半徑 10 公分。

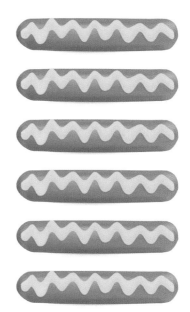

❸ 1 根熱狗尺

長度為 10，有細到每一格 0.1 公分。

遊戲玩法

先按照圖片把披薩拼起來，這是小哲他們拿到的模樣。先忽略上面的餡料，它是一個不折不扣的圓形。觀察圓形，你可以發現 1 根熱狗長度剛好是半徑。用熱狗量量看，你能不能從中驗證出：

圓周長公式＝半徑 ×2×3.14（圓周率）＝ 6.28× 半徑

圓面積公式＝半徑 × 半徑 ×3.14（圓周率）

數感思考

　　先來看看圓周長吧。試著拿一條細線沿著披薩圓周圈住，這時的細線長度就是圓周長。用熱狗測量結果，用了 6 條熱狗，是不是還差一點呢？既然熱狗是圓的半徑，現在你知道圓周長是 6 倍半徑再多一點點。拿有刻度的熱狗尺量剩下來的一小段，刻度指到 0.3 左右，因為刻度沒辦法做到那麼精確，但你可以想像，其實是「1 根熱狗的 0.28 倍」，是不是表示「圓周長＝6.28×半徑」？

　　再來看面積公式。先 8 片一組，把一個圓分成 4 等分。一組 1 片尖尖朝上，1 片尖尖朝下的方式交錯排列，排出的形狀有點像平行四邊形。只是一組對邊是波浪狀。拆成 4 片一組，把圓分成 8 等分來排排看。再拆成 2 片一組排，是不是波浪狀的對邊愈來愈像一條直線了呢。

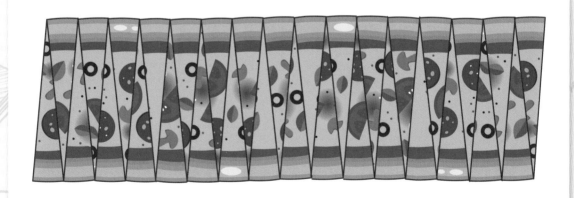

要記得喔！剛剛排出來的那幾種形狀，都是這 32 片組成，所以不管是幾片一組或圓形，面積都一樣。現在，直接把 32 片上下交替排排看吧，排出來的形狀已經很接近平行四邊形。它的面積跟圓形一樣大。前面的數感百科學過：

平行四邊形面積 = 底 × 高

這平行四邊形的高度是一片披薩的長度，也就是圓半徑（可以用熱狗測量看看），底邊長度要稍微想一想。如果把上下兩條底邊合在一起，等於是每片披薩外側圓弧的長度總合，剛好是圓周長。所以 1 條底邊的長度是半個圓周長，相當於 3.14× 半徑。

平行四邊形面積
= 底 × 高
= 半徑 × (3.14 × 半徑)
= 半徑 × 半徑 ×3.14

這不就是圓面積公式嗎？

給家長的數感叮嚀

延續第七本的數學主題「平面形狀」，這集介紹中高年級的「圓」與「面積」相關知識，其中還觸及了「放大與縮小」、「圓周率」等六年級的內容。

數學實驗

邊長與角度可以用尺和量角器測量。面積一樣有類似的方法，書中介紹了方格紙；也能用磅秤量待測物與單位面積的重量，再用重量的比，換算出面積；我們也曾經用蛋糕模裝水的活動，來測量不同大小蛋糕的面積比。以上幾種測量面積的活動，建議家長帶小朋友動手做一次，讓他們親眼看見、量出面積，並且感受到測量的不準確性，以及繁瑣耗時的步驟。

如此一來，他們更能體會面積公式的價值。只要動動腦、動動紙筆，就能免去一大堆實驗過程，得到的答案還不會有誤差。過往，我們常直接告訴學生這個公式能算什麼，沒讓他們知道：
「為什麼要算這個？」
「沒有公式，得怎樣才能得到答案。」
在這情況下，學生會覺得數學很多餘，學數學浪費時間。事實上，數學恰恰是能幫助我們省事省時的好工具。希望您與我們一起透過數學實驗，讓小朋友感受到這點。

重組與拆解

每一種多邊形都有它對應的面積公式，看起來需要背很多，但它們彼此之間都是有關聯，可以試著用最簡單的長方形或正方形公式來推導。推導的方式就是像數感百科裡用七巧板那樣，以拼湊的方式，把平行四邊形、梯形重組成長方形。面積公式相對來說比較基礎，為了方便起見，以及很現實的考試時間限制，是有「背起來」的必要。但我們不能讓小朋友覺得反正就是全部背起來，然後套公式解題。還是要讓他們操作、拼湊，看見幾個不同公式背後的關聯性，讓他知道就算今天忘了某個形狀的公式，他也能在考卷空白處直接畫圖推導。

具備拆解與重組圖形的能力，就能解決更複雜的幾何圖形面積問題，所以書中引導他們算出七巧板的每一塊面積。您之後可以和他們做一種活動：挑幾塊七巧板，拼出一個不規則的形狀（網路上有很多範例），把外框描繪下來。再給小朋友外框，問他們面積是多少？

只要能用七巧板拼出來，他們就知道答案是多少。反映到學校的題目，就是懂得去畫輔助線、將複雜形狀拆解成數個簡單的形狀，來計算面積。能做到這步已經是很進階的技巧了。

放大、縮小、$\sqrt{2}$

如果說一個形狀被放大成2倍,得先搞清楚是邊長2倍還是面積2倍,兩者之間是平方關係:當邊長是N倍時,面積是N^2倍。換句話說,邊長放大2倍,面積放大4倍。面積放大2倍,邊長放大$\sqrt{2}$倍。

「面積2倍大」是一個常遇到的生活情境:平常買6吋生日蛋糕,今天多一倍的人慶生,蛋糕要換幾吋大?又或是究竟是2個小披薩還是1個大披薩划算?6吋蛋糕的2倍是$6\sqrt{2}$吋(可惜市面上沒賣,不然數學愛好者一定很常光顧)。

根號是一個不容易懂的主題,並且跟本集主題關聯性較低,所以我們沒有深入解釋,僅以近似值1.41來解釋。故事裡小哲用2片小披薩做出1個大披薩。大披薩邊長是小披薩的對角線,正方形對角線長度是邊長的$\sqrt{2}$倍,大披薩面積自然是小披薩面積的2倍。故事最後3把鑰匙也是類似的觀念,連續兩個正方形,大正方形的邊長都是小正方形的對角線。

您如果想引導小朋友認識根號,建議跟他們說:「有一個數字叫做1.41421356….小數位數很多很多,這個數字特別之處在於它雖然很多小數,但自己跟自己相乘,會得到一個很乾淨的整數。我們先只取1.4,用計算機算算看1.4×1.4的結果:$1.4 \times 1.4 = 1.96$。多看一位小數1.41、兩位小數1.414,自己乘自己的結果:

$$1.41 \times 1.41 = 1.9881 \qquad 1.414 \times 1.414 = 1.999396$$

露出愈多小數位數、數字愈精準，乘出來的結果愈接近2。如果1.41421356……全部寫出來，答案是多少呢？

小朋友應該可以答出來是2。您可以再告訴他們，數學家發現這個數字不管怎麼寫都不夠準，最後就像取個簡短的綽號一樣，幫它取名為「根號2」。

接著您可以用根號4、根號9、根號16這幾個答案是整數的根號來檢驗小朋友是否理解。讓小朋友先約略知道根號的意義，之後真的學到時，會更有感覺。

延伸討論根號對解釋圓周率也有幫助。圓周率和根號2同樣都是無理數，無法用分數表示。歷史上第一次數學危機就是起因於根號2。當時畢達哥拉斯學派不承認這種無法用分數表示的奇怪數字，據說發現的人還因此賠了性命。

根號、無理數等很多數學觀念儘管好像每個人都覺得理所當然，但可能只是因為「課本這樣說」，沒有真正理解。很抽象的數學觀念，建議不要直接用定義來解釋，像前面的計算機遊戲那樣，多舉一些例子，多感受，給小朋友思考空間，讓他們想一想，隔一陣子後再討論，一次次深化他們的理解。

最後，討厭數學的人常說，學根號幹嘛？買菜又用不到。但相信看完這集，您和小朋友就能回答，至少在挑兩倍大蛋糕或披薩時，就需要了。

數感小學冒險系列
套書企劃緣起

國立臺灣師範大學電機工程學系副教授、
數感實驗室共同創辦人／賴以威

我要向所有關心子女數學教育的家長，認真教學的國小老師脫帽致意，你們在做一件相當不容易的事，因為根據許多國際調查，臺灣學生普遍不喜歡數學、對自己的數學能力沒信心，認為數學一點都不實用。這些對數學的負面情意，不僅讓我們教小朋友數學時得不斷「勉強」他們，許多研究也指出，這些負面情意會讓學習效果大打折扣。

我父親是一位熱心數學教育的國小教師，他希望讓大家覺得數學有趣又實用，教育足跡遍布臺灣。父親過世後，我想延續他的理念，從2011年開始寫書演講，2016年與太太珮妤一起成立「數感實驗室」，舉辦一系列給小學生的數學實驗課，其中有一些受到科技部的支持，得以走入學校。我們自己編寫教材，試著用生活、藝術、人文為題材，讓學生看見數學是怎麼出現在各領域，引發他們對數學的興趣，最後，希望他們能學著活用數學（我們在2018年舉辦的數感盃青少年寫作競賽，就是提供一個活用舞台）。

「看見數學、喜歡數學、活用數學」。這是我心目中對數感的定義。

2年來，我們遇到許多學生，有本來就很愛數學；也有的是被爸媽強迫過來，聽到數學就反彈。六、七十場活動下來，我最開心的一點是：周末上午3小時的數學課，我們從來沒看過一位小朋友打瞌睡，還有好幾次被附近辦活動的團體反應可不可以小聲一點。別忘了，我們上的是數學課，是常常上課15分鐘後就有學生被周公抓走的數學課。

可惜的是，我們團隊人力有限，只能讓少數學生參與數學實驗課。於是，我從30多份自製教材中挑選出10個國小數學主題，它們是小學數學的重點，也是我認為與生活息息相關。並在王文華老師妙手生花的創作下，合作誕生這套《數感小學冒險系列套書》。這套書不僅適合中高年級的同學閱讀。我相信就算是國中生、甚至是身為家長與教師的您，也能從中認識到一些數學新觀念。

本套書的寫作宗旨並非是取代學校的數學課本，而是與課本「互補」，將數學埋藏在趣味的故事劇情中，讓讀者體會數學的樂趣與實用。書的前半段故事讓小讀者看到數學有趣生動的一面；中段的「數感百科」則解釋了故事中的數學觀念，發掘不同數學知識之間的連結，和文史藝術的連結；再來的「數感遊戲」延續數學實驗課動手做的精神，透過遊戲與活動，讓小朋友主動探索數學。最後，更深入的數學討論和故事背後的學習脈絡，則放在書末「給家長的數感叮嚀」，讓家長與老師進一步引導小朋友。

過去幾年來，我們對教育有愈來愈多元的想像，認同知識不該只是背誦或計算，而是真正理解和運用知識的「素養教育」。許多老師和家長紛紛投入，開發了很多優秀的教材、教案。希望這套書能成為它們的一分子，得到更多人的使用，也希望它能做為起點，之後能一起設計出更多體現數學之美的書籍與活動。

王文華 ✕ 賴以威的數感對談

用語文力和數學力
破解國小數學之壁

不少孩子怕數學,遇到計算題,沒問題。但是碰上應用題,只要題目文字長些、題型多點轉折,他們就亂了。數學閱讀對某些孩子來說像天王山,爬不上去。賴老師,你說說,這該怎麼辦?

這是個很有趣的現象,我們希望小朋友覺得數學實用(小朋友也是這麼希望),但跟現實連結的應用題,卻常常是小朋友最頭痛的地方。我覺得這可能有兩種原因:

① 實用的數學情境需要跨領域知識,也因此它常落在三不管地帶。
② 有些應用題不夠生活化、也不實用,至少無法讓小朋友產生共鳴。

原來如此,難怪我和賴老師在合作這套書的過程,也很像在寫一個超級實用又有趣的數學應用題。不過你寫給我的故事大綱,讀起來像考卷,有很多時候我要改寫成故事時,還要不斷反覆的讀,最後才能弄懂。

老師的數學太專業了啦!

呵呵,真不好意思,其實每次寫大綱都想著「這次應該有寫得更清楚了」。你真的非常厲害,把故事寫得精彩,就連數學內涵都能轉化得輕鬆自然。我自己也喜歡寫故事,但看完王老師的故事都有種「還是該讓專業的來」的感嘆。

而且賴老師，我跟你說：大人們總是覺得看起來簡單得要命的小學數學，為什麼小孩卻不會？

最大一個原因在於大人忘了他們當年學習的痛苦。

這並不是賴老師太壞心，也不是我數學不好，而是數學學習和文學閱讀各自本來就是不簡單，兩者加起來又是難上加難，可是數學和語文在生活中本來就分不開。再者，寫的人與讀的人之間也是有著觀感落差，往往陷入一種自以為「就是這麼簡單，你怎麼還不懂」的窘境。

小朋友怎麼從一個具象的物體轉換成抽象的數學呢？

→ 當小朋友看到一條魚（具體）

→ 腦中浮現一隻魚的樣子（一半具體）

→ 眼睛看到有人畫了一條魚（一半抽象）

→ 小朋友能夠理解這是一條魚，並且寫出數字1

大人可以一步到位的1，對年幼的孩子來講，得一步步建構起來。

還有的老師或家長只一味要求孩子背誦與解題，忽略了學習的樂趣，不斷練習寫考卷。或是題型長一點，孩子就亂算一通。最主要的原因是出在語文能力不足，沒有大量閱讀的基礎，根本無法解決落落長又刁鑽得要命的題型。

以色列理工學院的數學教授阿哈羅尼（Ron Aharoni）提到，一堂數學課應該要有三個過程：從具體出發，畫圖，最後走向抽象。小朋友學習數學的過程非常細微，有很多步驟需要拆解，還要維持興趣。照表操課講完公式定理也是一堂課，但真的要因材施教，好好教會小朋友數學，是一門難度很高的藝術。而且老師也說得沒錯，長題型的題目也需要很好語文理解能力，同時又需要有能力把文字轉譯成數學式子。

確實如此，當我們一直忘記數學就存在生活中，只強調公式背誦與解題策略，讓數學脫離生活，不講道理，孩子自然害怕數學。孩子分披薩，買東西學計算，陪父母去市場，遇到百貨公司打折等。數學如此無所不在，能實實在在跟數量打足交道，最後才把它們變化用數學表達出來。

沒有從事數學推廣前，我也不覺得數學實用、有趣。但這幾年下來，讀了許多科普書、與許多數學學者、老師交流後，我深信數學是非常實用的知識，甚至慢慢具備了如同美感、語感一樣的「數感」。我也希望透過這套作品，想要品味數學的父母與孩子感受到數學那閃閃發亮的光芒，享受它帶來的樂趣。

讓孩子喜歡數學的絕佳解方

臺灣大學電機工程系教授、PaGamO 創辦人／葉丙成

要讓孩子願意學習，最重要的是讓他們覺得學這東西是有用的、有趣的。但很多孩子對數學，往往興趣缺缺。即便數學課本也給了許多生活化例子，卻還是無法提起孩子的學習熱忱。

當我看到文華兄跟以威合作的這套《數感小學冒險系列》，我認為這就是解方！書裡透過幾位孩子主人翁的冒險故事，帶出要讓孩子學習的數學主題。孩子在不知不覺中，隨著主人翁在故事裡遇到的種種挑戰，開始跟主人翁一起算數學。這樣的表現形式，能讓孩子對數學更有興趣、更有感覺！

而且整套書的設計很完整，不是只有故事而已。如果只有故事，孩子可能急著看完冒險故事就結束了，對於數學概念還是沒有學清楚。每本書除了冒險故事外，還有另外對應的數學主題的教學，帶著孩子反思剛才故事中所帶到的數學主題，把整個概念介紹清楚，確保孩子在數學這一部分有掌握這次的主題概念。

更讓我驚豔的，是每本書最後都有一個對應的遊戲。這遊戲可以讓孩子演練剛才所學到的數學主題概念。透過有趣的遊戲，讓孩子可以自發地做練習數學，進而培養孩子的數感。我個人推動遊戲化教育不遺餘力，所以看到《數感小學冒險系列》不是只有冒險故事吸引孩子興趣，還用遊戲化來提昇孩子練習的動機。我真心覺得這套書，有機會讓更多孩子喜歡數學！

用文學腦帶動數學腦，
幫孩子先準備不足的先備經驗

彰化原斗國小教師／林怡辰

數學，是一種精準思考的語言，但長期在國小高年級第一教學現場，常發現許多孩子不得其門而入，眉頭深鎖、焦慮恐懼。如果您的孩子也是這樣，那千萬別錯過「數感小學冒險系列」。

由小朋友最愛的王文華老師用有趣濃厚的故事開始，故事因為主角而有生命和情境，再由數感天王賴以威老師在生活中發掘數學，連結生活，發現其實生活處處都是數學，讓我們系統思考、解決問題，再引入教具，光想就血脈賁張。眼前浮現一個個因為太害怕而當機的孩子，看著冰冷數字和題目就逃避的臉孔。喔！迫不及待想介紹他們這套書！

專對中高年級設計，專對孩子最困難的部分，包括國小數學的大數字進位、時間、單位、小數、比與比例、平面、面積和圓、對稱、立體與展開，不但補足了小學數學課程科普書的缺乏，更可貴的是不迴避正面迎擊孩子最痛苦的高階單元。讓喜歡文學的孩子，在閱讀中，連結生活經驗，增加體驗和注意，發現數學處處都是，最後，不害怕、來思考。

常接到許多家長來信詢問，怎麼在學校之餘有系統幫助孩子發展數學運思，以往，我很難有一個具體的答案。現在，一起閱讀這套書、思考這套書、操作這套書，是我現在最好的答案。

從 STEAM 通向「數感」大門！

臺南師範大學附設小學教師／溫美玉

閱讀《數感小學冒險系列》就像進入「旋轉門」，你能想像門一打開，數學會帶你到哪些多變的領域嗎？

數學形象大翻身

相信大部分孩子對數學的印象，都跟這套書的主角小哲剛開始一樣吧？認為數學既困難又無趣，但我相信當讀者閱讀本書，跟著小哲進入「不可思『億』巧克力工廠」、加入「宇宙無敵數學社」後，會慢慢對數學改觀。為什麼呢？因為這本書蘊含「數感」這份寶藏！「數感」讓數學擺脫單純數字間的演練、習題練習，它彷彿翻身被賦予了生命，能在生活、藝術、科學、歷史中處處體會！

未來教育5大元素，「數感」一把抓

以下列舉《數感小學冒險系列》的五大特色：

①「校園故事」串起3人冒險

有故事情節、個性分明的角色，讓故事貼近孩子的生活。

②「實物案例」數學也能在日常生活中刷存在感

許多生活中理所當然的日常用品，都藏有數學的原則。像是鞋子尺寸（單位）、腳踏車前後齒輪轉動（比與比例）等，從中我們會發現人生道路上，數學是你隨時可能撞見的好朋友。

③「創意謎題」點燃孩子求知心

故事中的神祕角色鳳凰露露老師設計了許多任務情境，當中巧妙融入數學概念的精神。藉由解謎過程，能激發孩子對數學概念的思考。

④「數感百科」起源/原理/應用一把罩

從歷史、藝術、工程、科學、數學原理等層面總結概念，推翻數學只是「寫寫算算」的刻板印象。

⑤「數感遊戲」動手玩數學

最後，每單元都附有讓孩子實際操作的遊戲，讓數學理解不再限於寫練習題！

STEAM的最佳代言人！

STEAM是目前國外最夯的教育趨勢，分別含括以下層面：
科學（Science）、科技（Technology）、工程（Engineering）、藝術（Art）以及數學（Mathematics）。但學校的數學課本礙於篇幅，無法將每個數學概念的起源、應用都清楚羅列，使孩子在暖身不足的情況下就得馬上跳入火坑解題，也難怪他們對數學的印象只有滿山滿谷的數字符號及習題。

若要透澈一個概念的發展歷程、概念演進、生活案例，必須查很多

資料、耗很多時間，幸虧《數感小學冒險系列》這本「數學救星」出現，把STEAM五層面都萃取出來，絕對適合老師/家長帶領高年級孩子共讀（中、低年級有些概念太難，師長可以介入引導）。以下舉一些書中的例子：

① **科學** Science
「時間」單元的地球自轉、公轉概念。

② **科技** Technology
科技精神涵蓋書中，可以帶著孩子上網連結。

③ **工程** Engineering
「比與比例」單元的腳踏車齒輪原理。

④ **藝術** Art
「比與比例」單元的伊斯蘭窗花、黃金螺旋。

⑤ **數學** Mathematics
為本書的主體重點，包含故事中的謎題任務及各單元末的「數感百科」。

你發現了什麼？畢竟是實體書，因此書中較少提到「科技」層面，我認為這時老師/家長可以進行的協助是：

指導他們以「Google搜尋 / Google地圖」自主活用科技資源，查詢更多補充資料，比如說在「單位」單元，可以進行特定類型物件的重量/長度比較（查詢「大型動物的體重」，並用同一單位比較、排行）；長度/面積單位也可以活用Google地圖，感受熟悉地點間的距離關係。如此一來，讓數學不再單單只是數學，還能從中跨越科目進入自然、社會、資訊場域，這套書對於STEAM或素養教學入門，必定是妙用無窮的工具書。

增加「數學感覺」也是我平常上數學課時的重點，除了照著課本題目教以外，我也會時時在進入課程前期、中期進行提問（例如：「為什麼人類需要小數？它跟整數有什麼不同？可以解決生活中的什麼事情？」）。在本書的應用上，可以結合這樣的提問，讓孩子先自己預測，再從書中找答案，最後向師長說明或記錄的評量方式，他們便能印象更鮮明。總而言之，我認為比起計算能力的培養，「數感」才是化解數學噩夢的治本法門，有了正向的「數學感覺」，才有可能點亮孩子對數學（甚至是自然、社會、資訊等）的喜愛，快用《數感小學冒險系列》消弭孩子對數學科的恐懼吧！

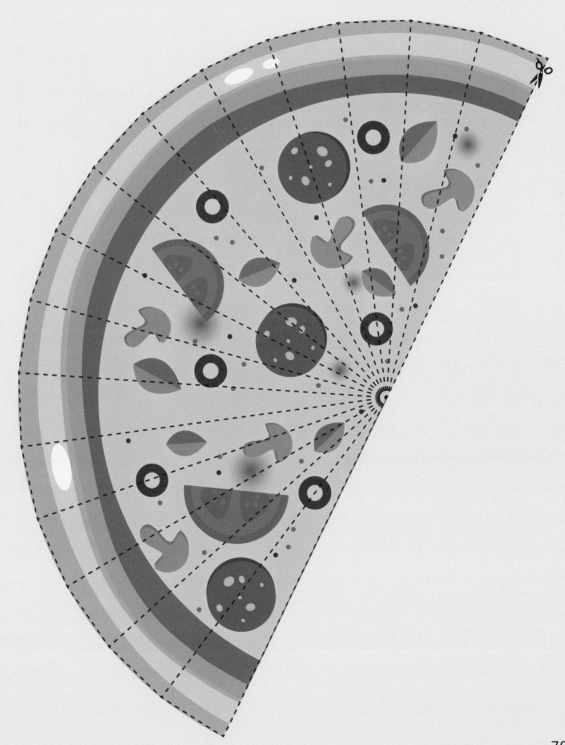

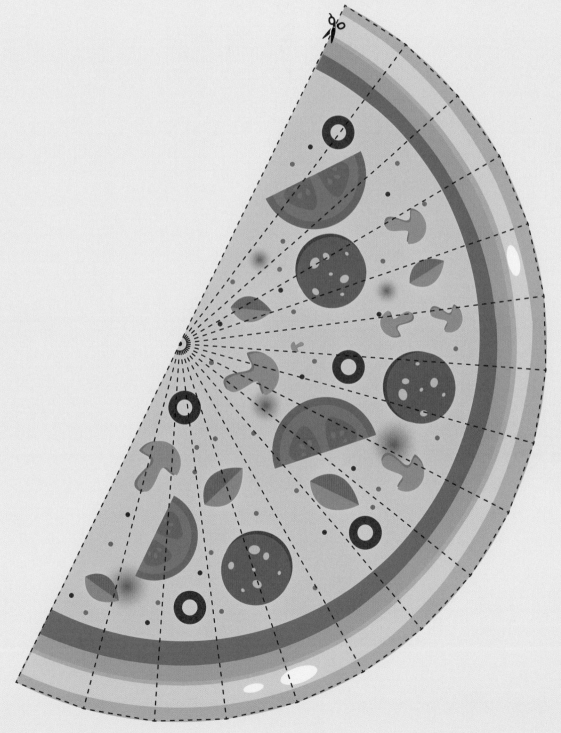

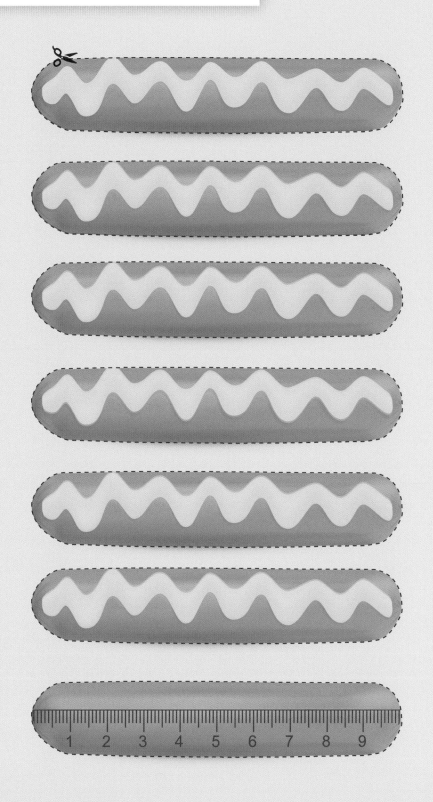

●● 知識讀本館

作者	王文華、賴以威
繪者	黃哲宏、楊容
照片提供	Shutterstock、維基百科
責任編輯	呂育修
特約編輯	高凌華
美術設計	洋蔥設計
行銷企劃	陳詩茵
發行人	殷允芃
創辦人 / 執行長	何琦瑜
副總經理	林彥傑
總監	林欣靜
版權專員	何晨瑋、黃微真
出版者	親子天下股份有限公司
地址	台北市 104 建國北路一段 96 號4樓
電話	(02) 2509-2800
傳真	(02) 2509-2462
網址	www.parenting.com.tw
讀者服務專線	(02) 2662-0332 週一～週五：09:00～17:30
讀者服務傳真	(02) 2662-6048
客服信箱	bill@cw.com.tw
法律顧問	台英國際商務法律事務所‧羅明通律師
製版印刷	中原造像股份有限公司
總經銷	大和圖書有限公司 (02) 8990-2588
出版日期	2021 年 8 月第二版第一次印行
定價	300 元
書號	BKKKC179P
ISBN	978-626-305-038-9（平裝）

訂購服務

親子天下 Shopping shopping.parenting.com.tw
海外‧大量訂購 parenting@service.cw.com.tw
書香花園 台北市建國北路二段 6 巷 11 號 (02) 2506-1635
劃撥帳號 50331356 親子天下股份有限公司

國家圖書館出版品預行編目 (CIP) 資料

挑戰拼圖披薩 / 王文華, 賴以威作; 黃哲宏, 楊容繪.
 -- 第二版 . -- 臺北市：親子天下股份有限公司,
2021.08
 面； 公分. -- (數感小學冒險系列；8)

ISBN 978-626-305-038-9(平裝)

1. 數學教育 2. 小學教學

523.32   110010183

立即購買 >

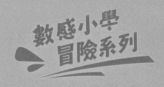